DIE NEUE MITBEWOHNERIN

FUER MEINEN EHEMANN

AUTORIN / COVER / BILDER

TANJA FEILER

KITTYS FREUNDIN

GOOD PET UND SEINE FRAU HAESCHEN WOHNEN JETZT SEIT EINER WOCHE BEI SAMMY. UND DANN MELDET SICH AMBER PLOETZLICH. AMBER IST EINE AKROBATIN, DIE

JEDOCH NICHT IN EINEM ZIRKUS ARBEITET, SONDERN EIN KUENSTLERLEBEN FUEHRT UND FUER SOZIALE PROJEKTE AUFTRITT. DIE BEIDEN TELEFONIEREN UND KITTY ERZAEHLT AMBER VOM UMZUG

UND DASS JETZT EIN ZIMMER FREI IST UND DIE FREUNDIN IST AUF EINMAL GANZ AUFGEREGT. SIE SUCHT DRINGEND EIN ZIMMER, EINE WG IST AUCH TOLL, BESONDERS UNTER KUENSTLERN, MUSIKERN,

DESIGNERN, FOTOGRAFEN, AUTOREN...KITTY IST BESORGT UND FRAGT IHRE FREUNDIN NACH DEM GRUND. DER VERMIETER DES HAUSES, IN DEM AMBER WOHNT, HAT DIE MIETEN ERHOEHT UND

SCHIKANIERT DIE MENSCHEN IM HAUS. SIE FUEHLT SICH NICHT MEHR WOHL DORT. KITTY SAGT AMBER, SIE RUFT GLEICH ALLE CUTE PETS UND DANN KANN DIE FREUNDIN EINZIEHEN. KITTY RUFT, ALLE SIND

ZUHAUSE UND ZUR STELLE. ALIEN SPRINGT VON SEINEM PC MIT ANGELA, MAEHI UND ANGELINA LEGEN IHR BUCH ZUR SEITE, X UND MICHELLE SPRECHEN UEBER MUSIK – ALLE SIND PROMPT BEI KITTY,

DIE IN SEKUNDENSCHNELLE DIE SITUATION IHRER FREUNDIN ERZAEHLT. ALLE SIND EINVERSTANDEN. KITTYS FREUNDIN KANN IN GOOD PETS UND HAESCHENS EHEMALIGES ZIMMER ZIEHEN.

SCHON AM NAECHSTEN TAG KOMMT DIE AKROBATIN, ARTISTIN IN IHRER BERUFSKLEIDUNG, STELLT IHRE DREI KISTEN ZUR SEITE – HOLZKISTEN MIT LAPTOPS, KLAMOTTEN ETC.

UND ZEIGT DEN CUTE PETS IHRE FAEHIGKEITEN.

KITTY HAT EIN BILD VON SICH UND AMBER, DASS SIE STOLZ ZEIGT.

DIE CUTE PETS FREUEN SICH

ALLE HOEREN DER FREUNDIN VON KITTY GESPANNT ZU, SEHEN SICH FOTOS AN VON IHREN AUFTRITTEN UND KITTY MACHT BILDER, DIE SIE

SOFORT STOLZ PRAESENTIERT.

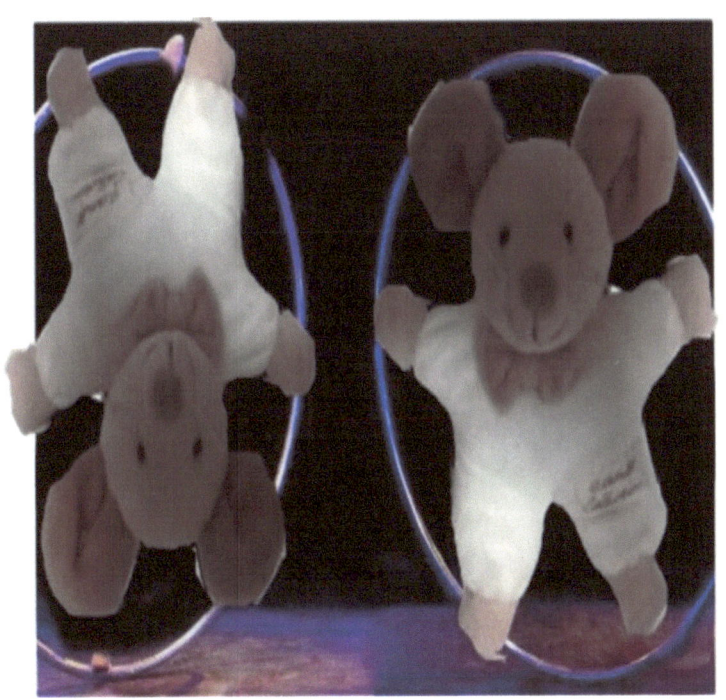

AMBER IST FASZINIERT VON KITTYS KOENNEN. SIE IST WIRKLICH EINE STARFOTOGRAFIN. DIE CUTE PETS ZEIGEN EIN PAAR BILDER, ES GIBT NOCH SOVIEL ZU ZEIGEN, ERZAEHLEN...

BESONDERS DANKE
ICH   MEINEM
EHEMANN

www.ingramcontent.com/pod-product-compliance
Lightning Source LLC
Chambersburg PA
CBHW050923290526
45792CB00002B/865